2. Lese-stufe

Inge Meyer-Dietrich

Meral und Jana
Eine Freundschaft ohne Grenzen

Mit Bildern von Olivia Vieweg

Ravensburger Buchverlag

Bibliografische Information der Deutschen Nationalbibliothek:

Die Deutsche Nationalbibliothek verzeichnet diese Publikation
in der Deutschen Nationalbibliografie.
Detaillierte bibliografische Daten sind im Internet
über http://dnb.d-nb.de abrufbar.

1 2 3 4 5 E D C B A

Ravensburger Leserabe
© 2016 Ravensburger Buchverlag Otto Maier GmbH
Postfach 18 60, 88188 Ravensburg
Umschlagbild: Olivia Vieweg
Konzept Leserätsel: Dr. Birgitta Reddig-Korn
Design Leserätsel: Sabine Reddig
Printed in Germany
ISBN 978-3-473-36478-7

www.ravensburger.de
www.leserabe.de

Inhalt

Freundinnen

Jana und Meral gehen
Hand in Hand
von der Schule nach Hause.
Dabei singen sie das Lied
von der Freundschaft,
so groß wie ein Baum
und so stark wie ein Bär.
Jana und Meral sind nämlich
beste Freundinnen.
Schon seit dem Kindergarten.

Jetzt kichern sie.
Ihre Töne klingen
ganz schön schräg.
Als die Mädchen
am Flüchtlingsheim
vorbeikommen,
hört Meral auf zu singen.
Sie guckt ernst, sagt aber nichts.
Jana weiß, dass Merals Eltern
vor langer Zeit
nach Deutschland gekommen sind.
In ihrem Land war damals Krieg.

„Ich freue mich schon
auf unser Fußballspiel
heute Nachmittag",
sagt Jana schnell
und schießt
einen kleinen Stein
vor Merals Füße.
Meral schießt ihn zurück.
Ihre schwarzen Locken wippen
und ihre dunklen Augen
lächeln wieder.

Jana hat auch Locken, rotblonde.
Und ihr Gesicht
ist voller Sommersprossen.
„Ob Robin heute bei uns
im Tor steht?", fragt Meral.
„Klar!", ruft jemand
hinter den Mädchen.
Sie drehen sich um.
„Robin?", fragt Jana.
„Hast du dich angeschlichen?"
Robin schüttelt den Kopf.

„Ihr hättet mich nicht mal gehört,
wenn ich auf einem Pferd
angaloppiert wäre."
Er tut so, als würde er reiten.
„Scherzkeks!" Jana grinst.
Sie knufft Robin in die Seite.
Meistens versteht sie sich gut
mit ihrem Bruder.
Er ist ein Jahr älter als sie.

„Komm jetzt, Jana", sagt er.
„Wir holen Meral
vor dem Spiel ab."
Meral strahlt wie eine
kleine warme Sonne.
„Bis nachher!", ruft Jana.
Sie muss rennen,
um ihren Bruder einzuholen.

Wer ist deine beste Freundin oder dein **Frage**
bester Freund? Kennt ihr euch auch
schon seit dem Kindergarten?

Ein spannendes Spiel

Merals Mutter öffnet
Jana und Robin die Tür.
„Kommt doch rein", sagt sie
freundlich.
„Es ist ja noch Zeit bis zum Spiel.
Wir essen gerade Kuchen."
Merals Mama arbeitet
in der Gärtnerei.

Oft trägt sie eine Blume im Haar.

Heute ist es eine Rose,

so lila wie die Blüten

auf dem bunten Wandteppich.

Meral stellt für Jana und Robin

Teller mit Kuchen und Becher

mit süßem Minztee

auf den Tisch.

Alle haben Platz,

als sie enger zusammenrücken.

Mm, ist der Kuchen lecker!

Mit Mandeln, Honig

und duftenden Gewürzen.

„Ich muss gleich zur Arbeit",
sagt Merals Vater.
Er ist Busfahrer.
Jana findet das toll.
Sie fährt gern mit dem Bus.
„Wir müssen auch los", sagt Robin.
Die Kinder machen sich
auf den Weg zum Sportplatz.
Sie spielen in einer
gemischten Mannschaft,
Mädchen und Jungs zusammen.

Außer Jana und Meral
sind es noch drei Mädchen:
Eleni, Laura und Caro.
Sie warten schon.
„Jetzt aber schnell!", ruft Eleni.

Nach ein paar Aufwärm-Übungen
wird das Spiel angepfiffen.
Robin steht im Tor.
Jana und Meral sind Stürmerinnen.
Meral ist flink wie ein Reh.
Leo von den Borussia-Kids
kann gar nicht so schnell gucken,
wie sie das erste Tor
für ihren Verein macht.
Für die Kickers 04!
Etwas später versenkt Jana
den Ball im Netz.
Inzwischen sind viele Kinder
zum Zuschauen gekommen.
Sie johlen und schreien.
Feuern ihre Mannschaften an.

Jetzt hat Tom von den Borussia-Kids
den Ball.
Er schießt so hart,
dass Robin nicht halten kann.

Und schon bald
folgt der Ausgleich.
Doch beim Abpfiff steht es
vier zu zwei
für die Kickers 04.
Sie werden beklatscht und bejubelt.
Den meisten Applaus
bekommt Meral.
Sie hat zwei Tore gemacht.
„Ich lade euch ins Eiscafé ein",
verspricht Kalle seinen Spielern.
„Ihr wart echt super!"
„Und du bist ein super Trainer!"
Die Kicker klatschen und johlen
wie vorhin ihre Fans.

Warum bekommt Meral den meisten
Applaus?

Frage

17

Meral ist sauer

„Nur bitte nicht ins Florenz",
sagt Olli. „Lieber zu Nino!"
„Warum?", fragt Kalle erstaunt.
„Im Florenz gibt's das beste Eis."
„Aber das Café ist so nah
am Flüchtlingsheim", sagt Olli.
„Da sind Zigeuner eingezogen.
Roma und so. Die klauen alle.
Wenn die uns überfallen!"

Jana sieht, wie Meral blass wird
und sich auf die Lippen beißt.
Dann schreit sie:
„Du bist gemein, Olli!
Das ist nicht wahr!"
Olli lacht.
„Wieso regst du dich auf?
Mein Vater muss es ja wissen.
Der ist schon beklaut worden."
Meral ballt die Hände zu Fäusten.

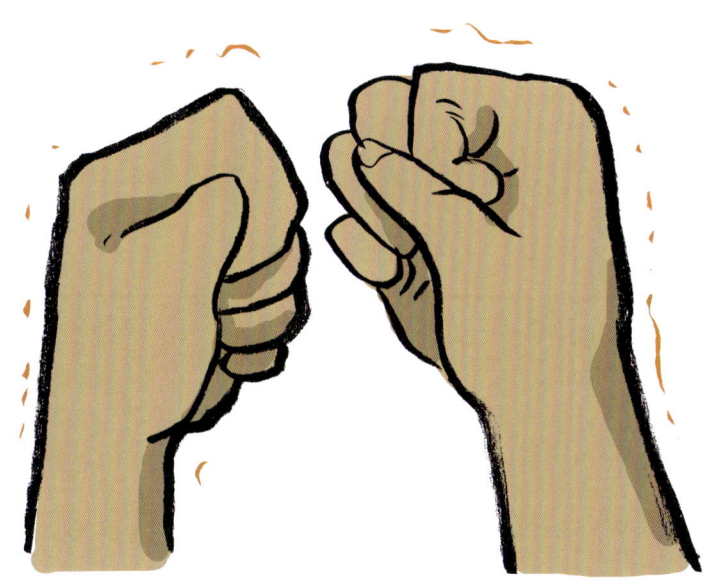

Jana denkt,
das kann doch nicht sein,
dass ihre liebste Freundin
sich prügeln will?
Nein, das tut Meral nicht.
„Ich bin auch eine Roma",
sagt sie und guckt Olli böse an.
Sie lässt sich nicht von Jana
in den Arm nehmen.
Sie hört nicht mehr,
was Kalle sagt.

20

Sie rennt weg, blitzschnell.

Jana und Robin laufen ihr nach.

Erst an der großen Ampelkreuzung

holen sie die Freundin ein.

Jana fasst sie vorsichtig am Arm.

Robin sagt: „Der spinnt doch,

der Olli."

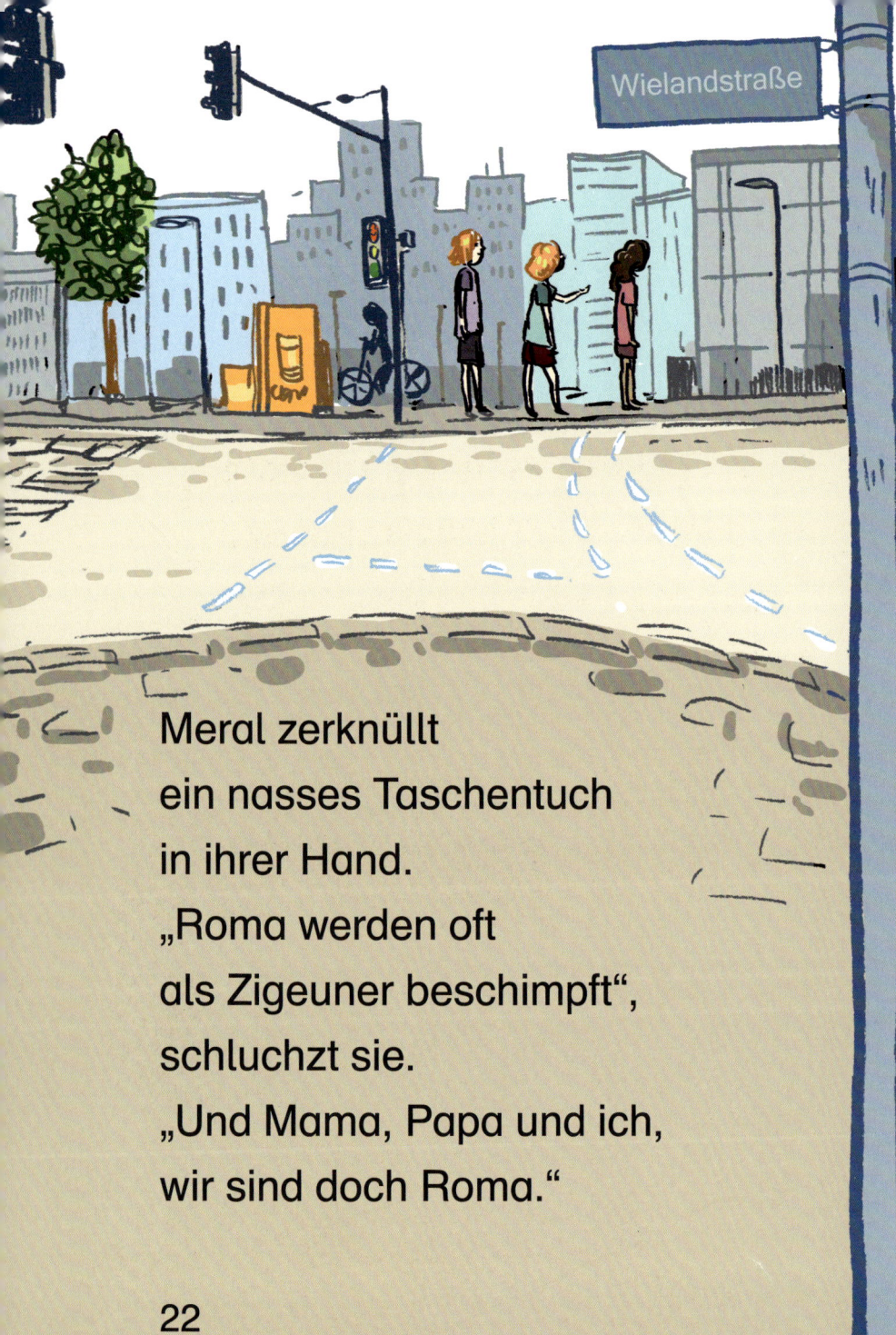

Meral zerknüllt
ein nasses Taschentuch
in ihrer Hand.
„Roma werden oft
als Zigeuner beschimpft",
schluchzt sie.
„Und Mama, Papa und ich,
wir sind doch Roma."

„Warum hast du das nie gesagt?",
fragt Jana.

Sie gibt Meral ein Taschentuch.

„Weil ich Angst hatte",
sagt Meral leise.

„Angst?" Jana versteht das nicht.

„Ich dachte, ihr … ihr mögt mich
nicht mehr, wenn ihr das wisst",
stottert Meral.

„Oh nein!" Jana umarmt
ihre Freundin fest.
„Das darfst du nicht denken!"
Und Meral flüstert:
„Könnt ihr euch vorstellen,
dass meine Mama und mein Papa
klauen und betteln und faul sind?"
„Nie im Leben!", sagt Robin.
„Wer das behauptet,
dem hau ich eine rein!"
Da hält ein Auto neben ihnen.

24

Kalle sitzt am Steuer.

Er lässt die Scheibe runter.

„Gut, dass ich euch noch erwische",
ruft er.

„Die anderen sind schon im Florenz.

Wir warten auf euch.

Hier kann ich nicht parken."

Die Ampel schaltet auf Grün

und Kalle muss weiterfahren.

„Wir gehen jetzt ins Eiscafé
und sagen Olli die Meinung",
schlägt Jana vor. „Aber ohne
Reinhauen."
Meral schüttelt langsam den Kopf.
„Ich geh nicht dahin", sagt sie.
„Und ich spiele nicht mehr
im Verein."
„Das kannst du nicht machen",
stöhnt Robin.
„Du bist doch unser Stürmer-Ass."
„Und du spielst so gerne."
Jana seufzt.

„Aber ich hab Angst",
schnieft Meral,
„dass die anderen dasselbe
glauben wie Olli."
Robin holt tief Luft.
„Denen werden wir's zeigen.
Jetzt komm erst mal mit
zu uns nach Hause.
Jana und ich,
wir sind deine Leibwächter.
Wir passen auf dich auf!"
Da muss Meral lachen.
Sogar laut.

Warum ist Meral so sauer? Wovor hat
sie Angst?

Frage

Am Reck

Mama weiß schon Bescheid.
Kalle hat sie und Merals Mutter
angerufen.
„Das Abendessen ist gleich fertig.
Isst du mit uns, Meral?",
fragt Mama.
„Dann holt deine Mutter dich
später ab. Ich sag ihr Bescheid."
„Ja, gerne", sagt Meral.
„Und wir gehen noch
in den Garten ans Reck",
schlägt Jana vor.
„Das hilft, wenn man wütend und
traurig ist."
Sie zieht ihre Freundin mit sich.

Jana fängt an,
wilde Fratzen zu schneiden.
Robin kriegt einen Lachkoller.
Er lässt die Stange los
und plumpst auf die Wiese.
„Hast du dir wehgetan?",
fragt Meral.
„Nee!" Robin muss immer noch
lachen.
Meral und Jana lachen mit.
Als sie am Tisch sitzen,
guckt Meral wieder ernst.

„Meral", sagt Mama.

„Was Olli gesagt hat, tut dir weh.

Aber glaub mir, er sagt nur,

was er gehört hat.

Überall gibt es Menschen,

die Dinge tun, die nicht richtig sind.

Sicher gibt es Roma, die stehlen.

Aber Deutsche stehlen auch."

„Viele Roma sind sehr arm",

sagt Meral leise.

„Manche Deutsche auch", sagt Jana.

Sie stellt sich hinter Meral

und streichelt der Freundin

behutsam über den Rücken.

Plötzlich gluckst Robin:

„Was sagt ihr, wenn ich behaupte,

dass Deutsche alle bekloppt sind?"

Mama, Jana und Meral starren

ihn mit großen Augen an.

„Aber wir haben doch viele Bekloppte,

oder etwa nicht?", fragt Robin.

„Zum Glück gibt es auch

genügend andere." Mama lächelt.

Und selbst Meral strahlt wieder

wie eine kleine Sonne.

Wie würdest du Meral trösten?   **Frage**

Training einmal anders

„Heute spielen wir barfuß",
schlägt Kalle
beim nächsten Training vor.
„Der Boden ist etwas feucht,
aber warm genug."
Die Kinder ziehen
Schuhe und Socken aus.
Sie stellen sich auf.
Als Kalle pfeift, laufen sie los.
Drei Runden hintereinander.
„Fühlt ihr eure Füße?", fragt Kalle.

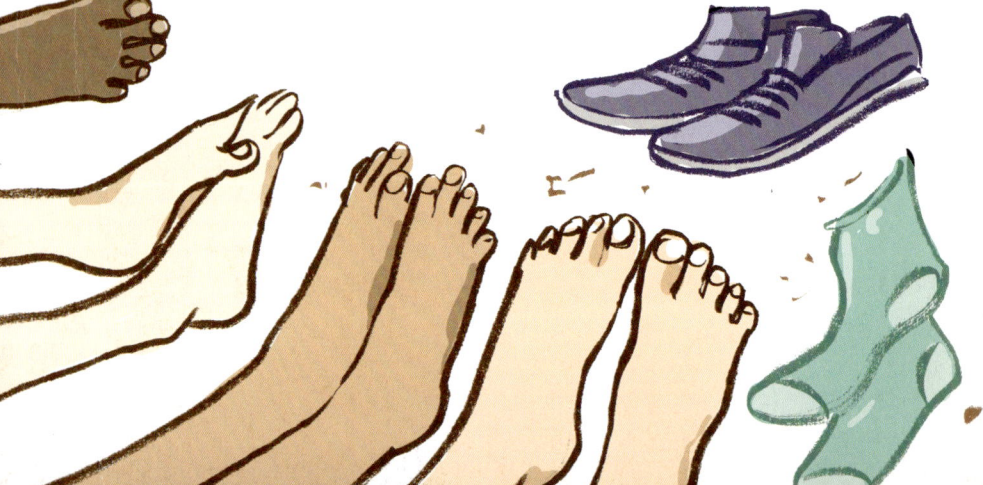

„Matsch, patsch, klatsch",
ruft Kemal. „Macht echt Spaß!"
„Und was seht ihr so auf dem
Boden?", will Kalle wissen.
„Die Abdrücke von
unseren Füßen natürlich",
schnauft Eleni.

„Stimmt." Kalle nickt.
„Aber wo sind jetzt
die griechischen Fußabdrücke
von Eleni, die türkischen von Kemal,
die afrikanischen von Iggi,
die italienischen von Laura,
die deutschen …"
„Stopp, Kalle! Das ist doch Quatsch",
ruft Olli dazwischen.

„Genau. Das kann man
gar nicht unterscheiden",
sagt Laura.
„Das meine ich auch."
Wieder nickt Kalle.
Olli schluckt.
Er schaut auf Merals Füße.
Und dann sieht er ihr ins Gesicht.
Als ob er sich entschuldigen will,
denkt Jana.

„Jetzt üben wir Tore schießen",
sagt Kalle.
Nach dem Training
macht Jana einen Vorschlag.
„Wie wär's, wenn wir heute
Eis essen gehen?"
Sie sieht Meral und Robin an.
„Ich hab Taschengeld dabei."
„Und ich geb was dazu",
sagt Kalle.

„Ich möchte mit", sagt Eleni.
„Darf … darf ich auch?",
fragt Olli. „Ich bezahle selbst."
„Aber wir gehen ins Florenz",
warnt Jana.
„Kein Problem", sagt Olli.

Unterwegs singen sie das Lied
von der Freundschaft.
Laut. Und ziemlich schräg.
Vor dem Flüchtlingsheim
kicken zwei Jungs.
Der Ball rollt Olli vor die Füße.
Er zögert einen Moment.
Dann schießt er den Ball zurück.
„Cooler Schuss!", sagt Meral.
Wieder kommt der Ball geflogen.
„Auch cool." Jana hebt den Daumen,
bevor sie schießt.
Die beiden Jungs grinsen.
„Die wären vielleicht
was für unsere Mannschaft",
überlegt Robin.

„Wir könnten sie demnächst
mal fragen",
schlägt Eleni vor.
„Ja, mal sehn", sagt Olli.
„Warum eigentlich nicht?"

Meinst du, Meral und Olli verstehen
sich jetzt wieder?

Frage

Leserabe Leserätsel

Rätsel 1

Viel zu viele Buchstaben!

Streiche die Buchstaben, die zu viel sind.

Flufurßabeaprabill

Füllütüchlütnluinug

Frlieumenerdiescahafahft

Rätsel 2

Wörter ohne Grenzen

Wie viele Wörter aus der Geschichte findest du?

SONNESPIELMANNSCHAFTJANA

4

LIEDBRUDERKUCHENFLORENZ

4

Wörter im Versteck

Rätsel 3

Insgesamt sind sechs Wörter versteckt.
Kreise sie ein.

R	C	R	E	C	K
O	M	E	I	S	Y
M	E	M	T	F	A
A	R	T	O	G	U
L	A	P	R	B	T
R	L	Z	A	D	O

Fragen zur Geschichte

Rätsel 4

Jana und Meral sind beste Freundinnen seit dem
Kinder-garten. Im Land von Merals Eltern

war damals _Krieg_. Deshalb sind sie nach

Deutschland gekommen. Merals Vater arbeitet

als _Busfahrer_

Lösungen
Rätsel 3: Roma, Tor, Eis, Auto, Meral, Reck
Rätsel 4: Kindergarten, Krieg, Deutschland, Busfahrer

41

Rätsel für die Rabenpost

Was stimmt? Ersetze die richtige Zahl
durch den passenden Buchstaben.
Dann erhältst du das Lösungswort.

	Ja	Nein
Jana und Meral sind Freundinnen.	13	3
Robin ist Merals Bruder.	9	5
Merals Verein heißt Kickers 04.	18	16
Im Café Florenz gibt es kein Eis.	11	1
Kalle ist Tanzlehrer.	23	12

A	B	C	D	E	F	G	H	I
1	2	3	4	5	6	7	8	9

J	K	L	M	N	O	P	Q	R
10	11	12	13	14	15	16	17	18

S	T	U	V	W	X	Y	Z
19	20	21	22	23	24	25	26

Lösungswort:

M E R A L

Rabenpost

Super, geschafft!

Jetzt ist es Zeit für die Rabenpost.
Wenn du das Lösungswort herausgefunden hast,
kannst du tolle Preise gewinnen!

Gib es auf der  Website ein
▶ www.leserabe.de,

mail es uns ▶ leserabe@ravensburger.de

oder schick es mit der Post.

Lösungswort:

An
den LESERABEN
RABENPOST
Postfach 2007
88190 Ravensburg
Deutschland

Ravensburger Bücher

Lesen lernen mit Spaß!
In drei Stufen vom Lesestarter zum Überflieger

1. Lesestufe

ISBN 978-3-473-**36449**-7   ISBN 978-3-473-**36437**-4   ISBN 978-3-473-**36462**-6

2. Lesestufe

ISBN 978-3-473-**36465**-7   ISBN 978-3-473-**36440**-4   ISBN 978-3-473-**36441**-1

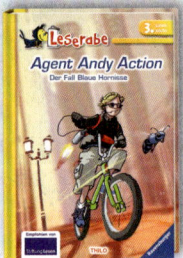
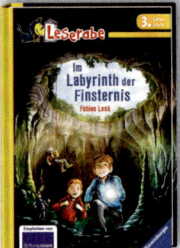

3. Lesestufe

ISBN 978-3-473-**36456**-5   ISBN 978-3-473-**36442**-8   ISBN 978-3-473-**36455**-8

www.leserabe.de

ERZ_15_007